Nicole Bustarret

Mon premier herbier
Les feuilles

Illustrations de Laurence Bar

MILAN
jeunesse

Sommaire

Réaliser ton herbier

5 La cueillette
6 Le séchage
7 Le collage
8 Observe une feuille
10 À quoi servent les feuilles ?

Les feuilles

11 Comment trouver le nom des feuilles ?
12 L'olivier
14 Le chêne
16 Le hêtre
18 Le châtaignier
20 Le tilleul
22 L'aulne
24 Le saule pleureur
26 Le platane
28 Le bouleau verruqueux
30 Le robinier
32 Le frêne
34 Le sorbier des oiseleurs
36 Le mimosa argenté
38 Le laurier-sauce
40 Le ginkgo
42 L'if

TA FEUILLE DE :

NOM LATIN :

DATE DE TA RÉCOLTE :

LIEU DE TA RÉCOLTE :

TA FEUILLE DE :

NOM LATIN :

DATE DE TA RÉCOLTE :

LIEU DE TA RÉCOLTE :

TA FEUILLE DE :

NOM LATIN :

DATE DE TA RÉCOLTE :

LIEU DE TA RÉCOLTE :

TA FEUILLE DE :

NOM LATIN :

DATE DE TA RÉCOLTE :

LIEU DE TA RÉCOLTE :

TA FEUILLE DE :

NOM LATIN :

DATE DE TA RÉCOLTE :

LIEU DE TA RÉCOLTE :

TA FEUILLE DE :

NOM LATIN :

DATE DE TA RÉCOLTE :

LIEU DE TA RÉCOLTE :

TA FEUILLE DE :

NOM LATIN :

DATE DE TA RÉCOLTE :

LIEU DE TA RÉCOLTE :

TA FEUILLE DE :

NOM LATIN :

DATE DE TA RÉCOLTE :

LIEU DE TA RÉCOLTE :

TA FEUILLE DE :

NOM LATIN :

DATE DE TA RÉCOLTE :

LIEU DE TA RÉCOLTE :

TA FEUILLE DE :

NOM LATIN :

DATE DE TA RÉCOLTE :

LIEU DE TA RÉCOLTE :

TA FEUILLE DE :

NOM LATIN :

DATE DE TA RÉCOLTE :

LIEU DE TA RÉCOLTE :

TA FEUILLE DE :

NOM LATIN :

DATE DE TA RÉCOLTE :

LIEU DE TA RÉCOLTE :

LA VIGNE

Vitis vinifera
Famille des Vitacées

LE TREMBLE

Populus tremula
Famille des Salicacées

LE NOYER

Juglans regia
Famille des Juglandacées

LE PÊCHER

Prunus persica
Famille des Rosacées

LE TROÈNE

Ligustrum vulgare
Famille des Oléacées

L'EUCALYPTUS

Eucalyptus globulus
Famille des Myrtacées

LE PIN CEMBRO

Pinus cembra
Famille des Pinacées

LE FRAMBOISIER

Rubus idaeus
Famille des Rosacées

LE GUI

Viscum album
Famille
des Loranthacées

LE BUIS

Buxus sempervirens
Famille des Buxacées

LE SUREAU NOIR

Sambucus nigra
Famille des Caprifoliacées

LE THUYA

Thuja plicata
Famille des
Cupressacées

LA CAPILLAIRE (FOUGÈRE)

Asplenium trichomanes
Famille des Aspléniacées

LE CHARME

Carpinus bettes
Famille des Corylacées

L'ÉRABLE DU JAPON

Acer japonicum
Famille des Acéracées

LE LILAS

Syringa vulgaris
Famille des Oléacées

LE MERISIER

Prunus avium
Famille des Rosacées

LA VIGNE VIERGE

Parthenocissus quinquefolia
Famille des Vitacées

INDEX DES PLANCHES D'IDENTIFICATION

BUIS, *Buxus sempervirens* 77

CAPILLAIRE (FOUGÈRE), *Asplenium trichomanes* 76

CHARME, *Carpinus bettes* 76

ÉRABLE DU JAPON, *Acer japonicum* 76

EUCALYPTUS, *Eucalyptus globulus* 78

FRAMBOISIER, *Rubus idaeus* 77

GUI, *Viscum album* 77

LILAS, *Syringa vulgaris* 76

MERISIER, *Prunus avium* 76

NOYER, *Juglans regia* 78

PÊCHER, *Prunus persica* 78

PIN CEMBRO, *Pinus cembra* 77

SUREAU NOIR, *Sambucus nigra* 77

THUYA, *Thuja plicata* 77

TREMBLE, *Populus tremula* 78

TROÈNE, *Ligustrum vulgare* 78

VIGNE, *Vitis vinifera* 78

VIGNE VIERGE, *Parthenocissus quinquefolia* 76

44 L'épicéa
46 Le pin sylvestre
48 Le mélèze
50 Le cyprès
52 Le tamaris
54 L'érable rouge
56 Le marronnier
58 Le pommier
60 Le romarin
62 Le figuier
64 Le noisetier
66 Le peuplier d'Italie
68 Le lierre
70 Le polypode
72 La fougère mâle

Pages personnelles

75 Index des planches d'identification
76 à 78 Planches d'identification
79 à 90 Pages vierges

www.editionsmilan.com

Loi 49.956 du 16 juillet 1949 sur les publications destinées à la jeunesse.
ISBN : 978.2.7459.2009.6
Dépôt légal : 1er semestre 2010
Imprimé en Chine

COMMENT UTILISER TON HERBIER ?

Ton classeur est divisé en 3 parties :

La première partie t'explique comment fabriquer un herbier de feuilles séchées. Tu découvriras ensuite, à l'aide de dessins, la structure des feuilles, leur forme et le rôle qu'elles jouent dans la nature.

La deuxième partie présente 31 feuilles avec une description précise de chacune en page de gauche. Cherche les arbres, les arbrisseaux ou les fougères de la même espèce, prélève 2 ou 3 feuilles de chacun et mets-les à sécher sous presse. Tu colleras la plus belle sur la page de droite, en face du dessin correspondant.

À la fin du classeur, des planches regroupant 18 autres feuilles te donnent des exemples d'espèces courantes que tu peux récolter pour compléter ton herbier à ta guise. Tu trouveras également des pages vierges pour y coller les feuilles de ton choix. N'oublie pas de noter le nom de l'arbre, le lieu et la date de ta récolte.

Réaliser ton herbier

A CUEILLETTE

COLTE 2 OU 3 FEUILLES DE CHAQUE
RTE ET METS-LES DANS UN SACHET
PLASTIQUE POUR LES TRANSPORTER.

LE MATÉRIEL

- UN GUIDE D'IDENTIFICATION DES ARBRES ET ARBUSTES
- UN CARNET ET UN CRAYON POUR NOTER LE LIEU ET LA DATE DE LA RÉCOLTE
- DES SACHETS EN PLASTIQUE
- UNE LOUPE

1 Les jeunes feuilles sont moins épaisses et plus petites, elles sécheront plus vite et tiendront sans problème sur les pages de ton herbier.

2 Tu peux couper un rameau très fin avec quelques feuilles pour voir comment elles sont accrochées : si les feuilles sont suffisamment petites, colle-le en entier dans ton herbier.

TU PEUX AUSSI RÉCOLTER QUELQUES FEUILLES D'AUTOMNE AUX BELLES COULEURS, COMME CELLES DE L'ÉRABLE ROUGE OU DU GINKGO.

NE RAMASSE DE FEUILLES UILLÉES PAR LA UIE OU LA ROSÉE, ELLES RISQUENT DE SE TACHER EN SÉCHANT.

TU FAIS UN HERBIER POUR LA PREMIÈRE FOIS ? C'EST UNE BONNE IDÉE DE COMMENCER PAR UN HERBIER DE FEUILLES, CAR ELLES SONT MOINS FRAGILES ET PLUS FACILES À FAIRE SÉCHER QUE LES FLEURS. LA RÉCOLTE EST AMUSANTE ET PERMET D'APPRENDRE LE NOM DES ARBRES : TU VAS DEVENIR TRÈS SAVANT ET TU POURRAS ÉBLOUIR TES COPAINS !

LE SÉCHAGE

LE MATÉRIEL

- VIEUX JOURNAUX (PAPIER NON GLACÉ)
- PLANCHE ET POIDS (DICTIONNAIRES, PACK D'EAU MINÉRALE...)
- ROULEAU DE RUBAN ADHÉSIF (LE MIEUX : DU MICROPORE BLANC DE PHARMACIE)
- PLASTIQUE ADHÉSIF TRANSPARENT (VÉNILIA OU AUTRE)

METS LES FEUILLES À SÉCHER UNE PAR UNE ENTRE PLUSIEURS ÉPAISSEURS DE PAPIER JOURNAL.

1 Presse le tout avec une planche sur laquelle tu poses des objets lourds.

2 Change les journaux 1 ou 2 fois, jusqu'à ce que les feuilles soient parfaitement sèches (2 ou 3 semaines environ).

6

TU RISQUES D'AVOIR DES PROBLÈMES AVEC LES AIGUILLES COMME CELLES DE L'ÉPICÉA, QUI TOMBENT FACILEMENT.

DÉPLACE TON RAMEAU TRÈS DÉLICATEMEN ET COUVRE-LE D'UNE FEUILLE DE PLASTIQU ADHÉSIF DÈS QU'IL EST SUR LA PAGE DE L'HERBIER.

E COLLAGE

1 Dispose joliment tes feuilles ou tes rameaux sur la page correspondant à l'espèce dessinée.

2 Fixe-les en 2 ou 3 points avec des petits morceaux de ruban ou de plastique adhésifs.

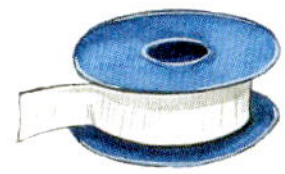

Les feuilles doivent être parfaitement sèches avant d'être collées dans l'herbier, sinon elles se gondoleront ou elles moisiront. Parmi les 2 ou 3 spécimens que tu as mis sous presse, choisis le plus réussi.

3 Écris la date et le lieu de ta récolte.

OBSERVE UNE FEUILLE

La position des feuilles sur les rameaux est importante pour reconnaître l'arbre qui les porte.

Les feuilles alternes sont accrochées 1 par 1, à des niveaux différents du rameau.

Les feuilles opposées sont accrochées 2 par 2, l'une en face de l'autre, sur le rameau.

LA SÈVE CIRCULE DANS LES NERVURES.

LA FORME DES FEUILLES

Les feuilles ont des formes variées.

Les **feuilles simples** sont faites
l'une seule pièce, avec un bord
lisse ou découpé.

FEUILLE ENTIÈRE
(OLIVIER)

FEUILLE DENTÉE
(CHÂTAIGNIER)

FEUILLE À LOBES AIGUS
(PLATANE)

FEUILLE
À LOBES ARRONDIS
(CHÊNE)

FEUILLE PENNÉE
BORD NON DENTÉ
(ROBINIER)

Les **feuilles composées** ont leur limbe divisé en plusieurs folioles. Lorsque les folioles sont disposées comme les barbes d'une plume, on dit que la feuille est pennée. Lorsqu'elles sont disposées comme les doigts d'une main, elle est palmée.

FEUILLE PALMÉE
(MARRONNIER)

Les feuilles des **conifères**
sont transformées en aiguilles
ou en écailles.

ARBRES
À FEUILLES PERSISTANTES :
ILS GARDENT LEURS FEUILLES EN HIVER
(PRESQUE TOUS LES CONIFÈRES).

ARBRES
À FEUILLES CADUQUES :
ILS PERDENT LEURS FEUILLES
EN HIVER (LA MAJORITÉ
DES ARBRES FEUILLUS).

AIGUILLES
U MÉLÈZE

ÉCAILLES
DU CYPRÈS

LES FEUILLES DES FOUGÈRES SONT PORTÉES PAR UNE TIGE SOUTERRAINE QUE L'ON APPELLE UN RHIZOME. ELLES SONT ENROULÉES EN CROSSE LORSQU'ELLES SORTENT DE TERRE. ELLES PORTENT SUR LEUR ENVERS LES FRUCTIFICATIONS OU SPORANGES. REGROUPÉS EN PETITES MASSES BRUNES, LES SPORANGES RENFERMENT LES SPORES, CELLULES QUI ASSURENT LA REPRODUCTION.

À QUOI SERVENT LES FEUILLES ?

LES ARBRES JOUENT UN RÔLE IMPORTANT DANS LA NATURE EN RENOUVELANT L'OXYGÈNE QUE NOUS RESPIRONS. IL EST CAPITAL DE PROTÉGER LES FORÊTS !

Les arbres sont verts car le limbe des feuilles contient de la chlorophylle. Grâce à la lumière du soleil, la chlorophylle transforme le gaz carbonique de l'air en oxygène et en substances nutritives carbonées qui sont transportées par la sève dans toute la plante. Cette opération compliquée s'appelle la photosynthèse.

En automne, les jours raccourcissent et il fait plus froid, les feuilles jaunissent car la chlorophylle disparaît peu à peu, laissant apparaître les autres pigments jaunes ou rouges contenus dans le limbe. En même temps une couche de liège se forme à la base des pétioles, empêchant la sève de circuler. La feuille meurt et tombe.

Les feuilles

Comment trouver le nom des feuilles ?

Lorsque tu trouves une feuille, examine-la attentivement : sa forme, sa taille, sa bordure, dentée ou non, son épaisseur, sa couleur parfois différente sur les 2 faces, la présence de poils, tout est important pour l'identifier.

Bien sûr, regarde aussi l'arbre ou l'arbuste qui la porte. Les feuilles sont-elles accrochées sur les rameaux 1 par 1, alternées, ou sont-elles en face l'une de l'autre, opposées 2 à 2 ? Quelles sont la hauteur et la forme générale de l'arbre ? A-t-il des fruits ? Son écorce est-elle lisse, rugueuse, fendillée ?

Vérifie tous ces caractères sur un guide d'identification qui te permettra de trouver le nom de l'arbre sans te tromper. Certains, de la taille d'un carnet, sont faciles à glisser dans une poche ou dans un sac à dos, très pratiques en promenade.

L'OLIVIER

FEUILLES PERSISTANTES

Olea europaea
Famille des Oléacées

DANS L'ANTIQUITÉ, L'OLIVIER ÉTAIT UN ARBRE SACRÉ, SYMBOLE DE PAIX. IL VIT SI VIEUX QU'ON LE DISAIT ÉTERNEL.

Ses feuilles coriaces, étroites et pointues, sont gris-vert sur le dessus, plus claires et velues dessous. Elles sont opposées 2 à 2 sur les rameaux. Les olives, petits fruits arrondis que l'on appelle des drupes, deviennent noires en mûrissant.

L'ARBRE

Il est cultivé dans tous les pays méditerranéens pour ses fruits qui donnent une huile savoureuse. Avec son tronc court, épais et tordu, et sa belle couronne de feuilles, il est très décoratif et on en voit de plus en plus dans les jardins. Mais il n'aime pas le froid !

FLEURS : MAI-JUIN

FRUITS : SEPTEMBRE À DÉCEMBRE

HAUTEUR : JUSQU'À 15 M

DURÉE DE VIE : PLUSIEURS SIÈCL
(JUSQU'À 2 000

TA FEUILLE D'OLIVIER

DATE DE TA RÉCOLTE :

LIEU DE TA RÉCOLTE :

LE CHÊNE

FEUILLES CADUQU

Quercus robur
Famille des Fagacées

PUISSANT ET MAJESTUEUX, LE CHÊNE EST LE ROI DES FORÊTS, MAIS POUSSE AUSSI EN PLAINE. LE PLUS VIEUX CHÊNE DE FRANCE AURAIT 2 500 ANS.

Plutôt petites, ses feuilles sont ovales, découpées en gros lobes arrondis et inégaux. Elles restent vertes jusqu'à la fin de l'automne, puis brunissent avant de tomber. Les glands sont portés par de longs pédoncules, ce qui lui a valu le nom de « chêne pédonculé ».

L'ARBRE

Il a un tronc massif et des branches fortes et tortueuses qui démarrent assez bas. Son bois dur et résistant était utilisé autrefois pour construire des bateaux, et ses glands servaient à nourrir les porcs. On en fait aussi des charpentes, des parquets, des tonneaux et des meubles.

FLEURS : AVRIL-MAI

FRUITS : SEPTEMBRE-OCTOBRE

HAUTEUR : 35 M

DURÉE DE VIE : 800 ANS ET PL

TA FEUILLE DE CHÊNE

DATE DE TA RÉCOLTE :

LIEU DE TA RÉCOLTE :

LE HÊTRE

FEUILLES CADUQU

Fagus sylvatica
Famille des Fagacées

ON L'APPELLE AUSSI « FAU » OU « FAYARD ». LA CIME, PEU DÉVELOPPÉE EN FORÊT, S'ÉTALE LARGEMENT LORSQU'IL EST ISOLÉ.

Ses feuilles sont ovales, pointues au bout, avec un bord lisse, ondulé, et des nervures bien parallèles. Les jeunes feuilles, bordées de cils fins, sont vert clair, elles foncent et deviennent coriaces au cours de l'été. Elles meurent à l'automne mais restent parfois accrochées aux branches tout l'hiver.

L'ARBRE

Ce bel arbre au tronc élancé occupe la 2e place dans les forêts françaises, après le chêne. Il est répandu dans toute l'Europe et aime les régions pluvieuses, en montagne ou près de l'Océan. Les hêtres de la forêt d'Iraty, au Pays basque, sont magnifiques.

FLEURS : AVRIL-MAI

FRUITS : SEPTEMBRE-OCTOBRE

HAUTEUR : 40 M

DURÉE DE VIE : 300 ANS ET PLU

TA FEUILLE DE HÊTRE

DATE DE TA RÉCOLTE :

LIEU DE TA RÉCOLTE :

LE CHÂTAIGNIER

Castanea sativa
Famille des Fagacées

ORIGINAIRE D'ASIE MINEURE, CE BEL ARBRE MAJESTUEUX A ÉTÉ INTRODUIT EN FRANCE PAR LES ROMAINS.

Ses grandes feuilles raides et coriaces, allongées en forme de lance, sont bordées de dents pointues comme celles d'une scie. Elles peuvent mesurer 25 cm ! Choisis les plus jeunes pour ton herbier, elles seront plus petites et plus faciles à faire sécher.

L'ARBRE

Il est cultivé dans les régions montagneuses du sud de la France pour ses fruits très nourrissants, enfermés dans des bogues hérissées de piquants qui s'ouvrent en 4. Les châtaignes sont délicieuses grillées ou bouillies, on en fait aussi de la farine.

FLEURS : JUIN-JUILLET

FRUITS : SEPTEMBRE-OCTOBRE

HAUTEUR : 20 À 30 M

DURÉE DE VIE : PLUSIEURS SIÈCLES (JUSQU'À 1 000

TA FEUILLE DE CHÂTAIGNIER

DATE DE TA RÉCOLTE :

LIEU DE TA RÉCOLTE :

LE TILLEUL

Tilia vulgaris
Famille des Tiliacées

FEUILLES CADUQUES

RÉSISTANT À DES CONDITIONS DE VIE DIFFICILES ET À DES TAILLES SÉVÈRES, LE TILLEUL S'ACCLIMATE BIEN DANS LES VILLES.

Vert foncé sur le dessus, plus clair dessous, la feuille de tilleul est presque ronde, pointue au sommet, en forme de cœur. Le bord est finement découpé en dents de scie. Les fleurs sont petites, portées par une sorte de feuille en forme d'aile.
Parcs et jardins

L'ARBRE

Cet arbre des parcs et des jardins dégage un délicieux parfum lorsqu'il est en fleur ! Les abeilles en font un miel succulent. Les fleurs séchées permettent de fabriquer des tisanes calmantes et digestives. Chaque arbre peut en produire une centaine de kilos.

FLEURS : JUIN-JUILLET

FRUITS : JUILLET À OCTOBRE

HAUTEUR : 30 À 40 M

DURÉE DE VIE : 400 À 800 ANS

TA FEUILLE DE TILLEUL

DATE DE TA RÉCOLTE :

LIEU DE TA RÉCOLTE :

L'AULNE

Alnus glutinosa
Famille des Bétulacées

DANS CERTAINES RÉGIONS, IL EST PLUS CONNU SOUS LE NOM DE « VERNE » OU « VERGNE », QUI EST UN MOT GAULOIS.

Presque ronde, la feuille au bord légèrement ondulé porte des dents irrégulières et peu marquées. Au sommet, elle est aplatie ou légèrement échancrée, comme si elle avait été déchirée. Les feuilles de l'aulne tombent en automne alors qu'elles sont encore vertes.

2

L'ARBRE

Il pousse dans les vallons et le long des rivières, où il joue un rôle important en fixant les berges. C'est le premier arbre qui se développe dans les clairières à l'abandon, en plaine et en montagne au-dessous de 1 200 m d'altitude. Il grandit vite et résiste bien au froid.

FLEURS : FÉVRIER-MARS

FRUITS : OCTOBRE-NOVEMBRE

HAUTEUR : 25 M

DURÉE DE VIE : 80 À 100 ANS

TA FEUiLLE D'AULNE

DATE DE TA RÉCOLTE :

LiEU DE TA RÉCOLTE :

LE SAULE PLEUREUR

Salix babylonica
Famille des Salicacées

FEUILLES CADUQUES

TRÈS ÉLÉGANT AVEC SES BRANCHES RECOURBÉES VERS LE SOL, IL EST ISSU DU CROISEMENT ENTRE SAULE BLANC ET SAULE DES RIVIÈRES.

Ses feuilles étroites et allongées s'amincissent aux 2 extrémités. Finement dentées, elles sont couvertes de poils fins lorsqu'elles sont jeunes, ce qui leur donne un aspect soyeux. Elles sont fixées 1 par 1, alternées, sur des rameaux fins et souples, également soyeux.

L'ARBRE

Son nom savant Salix vient du celte et signifie « près de l'eau ». Il se plaît au bord des rivières, mais on le plante aussi dans les parcs et les jardins car il est très décoratif. Autrefois, on utilisait son écorce pour fabriquer de l'aspirine. Il est cousin de l'osier, cultivé pour la vannerie.

FLEURS : AVRIL-MAI

FRUITS : JUIN-JUILLET

HAUTEUR : 15 M

DURÉE DE VIE : 100 ANS

TA FEUILLE DE SAULE PLEUREUR

DATE DE TA RÉCOLTE :

LIEU DE TA RÉCOLTE :

LE PLATANE

FEUILLES CADUQUES

Platanus hybrida
Famille des Platanacées

LE RECORD DE HAUTEUR EST DÉTENU PAR UN PLATANE DE L'AVENUE FOCH, À PARIS : IL MESURE 42 M.

Ses feuilles sont larges et découpées, avec 5 pointes principales qui partent de 3 grosses nervures. Elles ressemblent beaucoup à celles de certains érables. Pour les distinguer, regarde leur position sur les rameaux : elles alternent 1 par 1 chez le platane, tandis que celles des érables se font face 2 à 2.

L'ARBRE

Il n'existe que 6 ou 7 espèces de platanes au monde, mais c'est l'arbre le plus répandu dans les villes. Il pousse rapidement, supporte bien la pollution et donne beaucoup d'ombre : tu en verras sur les places et dans les parcs, le long des avenues et au bord des routes.

FLEURS : AVRIL-MAI

FRUITS : AOÛT

HAUTEUR : 40 M

DURÉE DE VIE : 500 ANS ET PLU[S]

TA FEUILLE DE PLATANE

DATE DE TA RÉCOLTE :

LIEU DE TA RÉCOLTE :

LE BOULEAU VERRUQUEUX

Betula pendula
Famille des Bétulacées

FEUILLES CADUQUES

ORIGINAIRE D'ASIE MINEURE ET D'EUROPE, LE BOULEAU EST UN ARBRE RÉPANDU SUR TOUS LES CONTINENTS.

Sa feuille est petite, en forme de losange, avec un bord découpé en grandes dents elles-mêmes bordées de dents plus petites. En été, les feuilles de bouleau sécrètent une substance sucrée, le miellat, dont les abeilles sont friandes. Elles en font un miel parfumé.

L'ARBRE

Très élégant avec son feuillage léger et son écorce blanche, légèrement argentée, il est planté comme arbre d'ornement. À l'état sauvage, les bouleaux sont les premiers, avec les aulnes, à s'installer sur les sols non cultivés.

FLEURS : AVRIL-MAI

FRUITS : AOÛT-SEPTEMBRE

HAUTEUR : 10 À 20 M

DURÉE DE VIE : 100 ANS

TA FEUILLE DE BOULEAU

DATE DE TA RÉCOLTE :

LIEU DE TA RÉCOLTE :

LE ROBINIER

Robinia pseudoacacia
Famille des Légumineuses

Feuilles caduques

CET ARBRE CITADIN A ÉTÉ RAPPORTÉ DU CANADA À LA FIN DU SEIZIÈME SIÈCLE PAR JEAN ROBIN, BOTANISTE DU ROI. IL PORTE SON NOM.

Ses feuilles, longues de 25 cm environ, sont composées de 9 à 21 folioles, petites, arrondies, avec un bord lisse. Elles tombent à l'automne lorsqu'elles sont encore vertes. Ses fleurs forment de grandes grappes blanches très parfumées, que l'on peut manger en beignets.

L'ARBRE

C'est un arbre des villes, tu en verras souvent dans les parcs et le long des rues. Les deux plus vieux, plantés à Paris au temps d'Henri IV, se trouvent au Jardin des plantes et square Saint-Julien-le-Pauvre.

Fleurs : mai-juin

Fruits : septembre

Hauteur : 25 à 30 m

Durée de vie : 200 ans

TA FEUILLE DE ROBINIER

DATE DE TA RÉCOLTE :

LIEU DE TA RÉCOLTE :

LE FRÊNE

Feuilles caduques

Fraxinus excelsior
Famille des Oléacées

EXCELSIOR, EN LATIN, SIGNIFIE « ÉLEVÉ ». CET ARBRE SVELTE ET ÉLANCÉ EST RÉPANDU EN FRANCE (FORÊTS, TAILLIS, PARCS), SAUF DANS LE SUD-EST.

Ses feuilles sont longues de plus de 30 cm. Elles sont composées de 3 à 6 paires de folioles légèrement dentées, plus une foliole à l'extrémité, qui se détachent de leur axe au début de l'automne. Celui-ci reste accroché à l'arbre plus longtemps. En hiver, tu trouveras ces tiges nues par terre au pied des frênes.

L'ARBRE

D'autres caractères permettent de l'identifier facilement : ses bourgeons noirs ; ses fruits aplatis, pourvus d'une aile allongée, qui pendent en grappes et restent accrochés aux branches en hiver. Une aubaine pour les oiseaux !

Fleurs : avril-mai

Fruits : juillet à novembre

Hauteur : 30 à 40 m

Durée de vie : 150 à 200 ans

TA FEUILLE DE FRÊNE

DATE DE TA RÉCOLTE :

LIEU DE TA RÉCOLTE :

LE SORBIER DES OISELEURS

Sorbus aucuparia
Famille des Rosacées

CE PETIT ARBRE FORESTIER EST ÉGALEMENT APPRÉCIÉ DANS LES JARDINS CAR IL EST TRÈS DÉCORATIF, AVEC SES BAIES ROUGE-ÉCARLATE QUI FONT LE RÉGAL DES OISEAUX.

La quinzaine de folioles qui composent la feuille sont à peu près de la même taille. Elles sont allongées, pointues, avec un bord bien denté. Elles prennent en automne de belles couleurs jaunes ou rouges.

FEUILLES CADUQ

L'ARBRE

Le sorbier est très répandu en Europe, en plaine et en montagne jusqu'à 2 000 m d'altitude. Bien qu'il ait besoin de lumière, tu en trouveras aussi en forêt. Il porte à la fin du printemps des fleurs blanches, groupées en larges bouquets, mais elles ont une odeur désagréable.

FLEURS : MAI-JUIN

FRUITS : AOÛT-SEPTEMBRE

HAUTEUR : 10 À 20 M

DURÉE DE VIE : 100 ANS

TA FEUILLE DE SORBIER DES OISELEURS

DATE DE TA RÉCOLTE :

LIEU DE TA RÉCOLTE :

LE MIMOSA ARGENTÉ

Acacia dealbata
Famille des Légumineuses

SUR LES COTEAUX, DANS LES FORÊTS ET LES JARDINS, IL EST SUPERBE AVEC SES FLEURS DONT LES ÉTAMINES JAUNE VIF FORMENT DES BOULES DUVETEUSES.

Fines et élégantes, les feuilles du mimosa sont divisées 2 fois, ce qui leur donne un aspect de plumes. Les folioles accrochées de part et d'autre de l'axe sont à leur tour divisées en folioles plus petites et très fines. Elles se replient par temps chaud pour limiter la transpiration.

Feuilles persistante

L'ARBRE

Originaire d'Australie et d'Afrique, il s'est bien acclimaté en Europe, notamment dans le Midi. Avec son feuillage aérien de couleur vert argent et ses fleurs qui apportent le soleil en hiver, il illumine les paysages méditerranéens et fait le bonheur des fleuristes.

Fleurs : janvier à mars

Fruits : mai

Hauteur : 6 à 20 m

Durée de vie : moins de 100 a

TA FEUILLE DE MIMOSA ARGENTÉ

DATE DE TA RÉCOLTE :

LIEU DE TA RÉCOLTE :

LE LAURIER-SAUCE

Laurus nobilis
Famille des Lauracées

FEUILLES PERSISTANTES

SON NOM VIENT DU LATIN *LAUDARE*, « GLORIFIER ». ON LE TRESSAIT EN COURONNE POUR RÉCOMPENSER LES VAINQUEURS ET LES POÈTES. IL POUSSE DANS LES BOIS, LES BROUSSAILLES ET LES JARDINS.

La feuille de laurier, qui donne si bon goût aux plats, est allongée, pointue, légèrement ondulée sur les bords. Elle est parsemée de nombreuses glandes renfermant une huile odorante : lorsqu'on écrase la feuille fraîche ou séchée, un parfum délicieux se dégage.

L'ARBRE

Originaire des pays méditerranéens, cet arbuste aromatique atteint parfois la taille d'un arbre. Il ne faut pas le confondre avec le laurier-cerise, qui est très toxique. En revanche l'avocatier, autre arbre cousin du laurier, donne de gros fruits comestibles, à la chair veloutée.

FLEURS : AVRIL-MAI

FRUITS : SEPTEMBRE-OCTOBRE

HAUTEUR : 2 À 10 M

DURÉE DE VIE : JUSQU'À 100 ANS

TA FEUILLE DE LAURIER-SAUCE

DATE DE TA RÉCOLTE :

LIEU DE TA RÉCOLTE :

LE GINKGO

Ginkgo biloba
Famille des Ginkgoacées

CET ARBRE DES PARCS, UNIQUE SPÉCIMEN DE SA FAMILLE, EST UN SURVIVANT DU TEMPS DES DINOSAURES. C'EST LE PLUS VIEIL ARBRE CONNU AU MONDE !

Impossible de confondre sa feuille avec celle d'un autre arbre. Elle est en forme d'éventail, douce au toucher, avec une échancrure qui la divise en 2 lobes, d'où son nom latin, *biloba*. Les fines nervures partent également en éventail de la base de la feuille.

L'ARBRE

En automne, il prend une magnifique couleur jaune d'or, ce qui lui a valu le surnom d'« arbre aux écus ». Il est très répandu en Chine mais tu en trouveras dans les parcs en Europe car c'est un bel arbre d'ornement, qui vit très longtemps.

FLEURS : MARS-AVRIL

FRUITS : SEPTEMBRE-OCTOBRE

HAUTEUR : 25 M

DURÉE DE VIE : PLUSIEURS SIÈCLES

TA FEUILLE DE GINKGO

DATE DE TA RÉCOLTE :

LIEU DE TA RÉCOLTE :

L'IF

Taxus baccata
Famille des Taxacées

AIGUILLES PERSISTANTES

L'IF, SYMBOLE D'IMMORTALITÉ CAR IL EST TOUJOURS VERT ET VIT TRÈS VIEUX, ÉTAIT JADIS PLANTÉ DANS LES CIMETIÈRES. TU EN TROUVERAS AUSSI DANS LES BOIS, LES BROUSSAILLES ET LES PARCS.

Les feuilles de l'if sont des aiguilles aplaties, pointues et souples, vert très foncé sur le dessus, plus jaunes dessous. Elles sont disposées en une seule rangée de part et d'autre du rameau. Elles vivent 7 à 8 ans puis tombent.

L'ARBRE

C'est un arbre d'ornement que l'on trouve partout en Europe, surtout dans les régions humides. Il aime l'ombre et pousse très lentement mais les jardiniers l'apprécient car il se taille facilement et peut prendre toutes les formes. Ses graines et ses aiguilles sont toxiques, même pour les animaux.

FLEURS : FÉVRIER À AVRIL

FRUITS : AOÛT-SEPTEMBRE

HAUTEUR : DE 10 À 20 M

DURÉE DE VIE : PLUSIEURS SIÈCL
(JUSQU'À 1 500

TES AIGUILLES D'IF

DATE DE TA RÉCOLTE :

LIEU DE TA RÉCOLTE :

L'ÉPICÉA

Picea abies
Famille des Pinacées

SON NOM VIENT DU LATIN *Pix*,
QUI VEUT DIRE « POIX, RÉSINE ».
ON LE TROUVE DANS LES PARCS ET LES JARDINS
CAR IL EST TRÈS DÉCORATIF AVEC SA FORME
EN PYRAMIDE.

Ses aiguilles sont petites (1 à 2,5 cm), piquantes, disposées en spirale tout autour du rameau, comme les poils d'une brosse-écouvillon. Si tu essayes d'en détacher une, tu arracheras en même temps un morceau d'écorce. Elles vivent 5 à 7 ans, puis tombent. Ses cônes sont pendants.

L'ARBRE

Les épicéas forment d'épaisses forêts en haute et moyenne montagne. Ce sont les arbres les plus vendus à Noël bien qu'ils perdent rapidement leurs aiguilles lorsqu'ils sont coupés. Fixe quelques aiguilles dans ton herbier sous un carré de plastique adhésif transparent, à coté du rameau, si elles se sont décrochées.

FLEURS : MAI

CÔNES : PENDANTS, MÛRS EN SEPTEMBRE

HAUTEUR : 50 M ET PLUS

DURÉE DE VIE : DE 300 À 700

TES AIGUILLES D'ÉPICÉA

DATE DE TA RÉCOLTE :

LIEU DE TA RÉCOLTE :

LE PIN SYLVESTRE

Pinus sylvestris
Famille des Pinacées

FEUILLES PERSISTANTES

IL POUSSE DANS LES BOIS SECS ET DANS LES LANDES. SES BOURGEONS SONT UTILISÉS POUR SOIGNER LA TOUX. ON EN FAIT DES BONBONS APPELÉS, À TORT, « BOURGEONS DE SAPIN ».

Ses aiguilles, de couleur gris-vert ou gris bleuté, mesurent 5 à 6 cm de long et sont réunies 2 par 2 sur les rameaux. Elles sont souples, pointues mais pas piquantes, tordues en vrille. Elles vivent 3 ans.

L'ARBRE

Ce grand arbre au tronc droit et lisse a une cime en pointe lorsqu'il est jeune ; elle devient irrégulière avec l'âge. Son bois est très apprécié dans l'industrie du bâtiment. Comme il pousse bien sur les sols pauvres, on le plante pour développer des régions peu fertiles.

FLEURS : MAI-JUIN

CÔNES : PENDANTS, MÛRS EN 2 ANS

HAUTEUR : 30 M

DURÉE DE VIE : 500 À 600 ANS

TES AIGUILLES DE PIN SYLVESTRE

DATE DE TA RÉCOLTE :

LIEU DE TA RÉCOLTE :

LE MÉLÈZE

Larix decidua
Famille des Pinacées

HÔTE DES FORÊTS DE MONTAGNE ET DES PARCS, C'EST L'UN DES RARES CONIFÈRES QUI PERDE SES AIGUILLES EN HIVER. NE LE CONFONDS PAS AVEC UN SAPIN MORT !

Les aiguilles, qui mesurent 3 à 4 cm, sont fines, molles, arrondies à leur extrémité. De couleur vert clair au printemps, elles deviennent jaune vif en automne avant de tomber. Les bourgeons qui donneront des aiguilles au printemps suivant forment des petits boutons tout le long des rameaux.

AIGUILLES CADUQUES

L'ARBRE

Il pousse à l'état naturel dans les Alpes, formant de belles forêts, mais il est aussi planté en plaine comme arbre d'ornement. Tu le reconnaîtras à ses aiguilles groupées en petites touffes sur certains rameaux, et à ses cônes dressés, qui restent accrochés à l'arbre 2 ans.

FLEURS : MARS-AVRIL

CÔNES : DRESSÉS, MÛRS EN AUTOMNE

HAUTEUR : 40 M

DURÉE DE VIE : 500 ANS

TES AIGUILLES DE MÉLÈZE

DATE DE TA RÉCOLTE :

LIEU DE TA RÉCOLTE :

LE CYPRÈS

Cupressus sempervirens
Famille des Cupressacées

ON L'APPELLE ENCORE CYPRÈS D'ITALIE, BIEN QU'IL VIENNE D'IRAN. IL EST RÉPANDU TOUT AUTOUR DE LA MÉDITERRANÉE ET DANS LES JARDINS.

Il bat le record du nombre de feuilles : 45 à 50 millions pour un seul cyprès ! Mais tu auras du mal à les distinguer, et encore plus à les compter, car elles ont la forme de minuscules écailles, très serrées les unes contre les autres sur les rameaux.

L'ARBRE

Ce bel arbre élancé en flèche est typique des paysages de Provence, où il s'est bien acclimaté car il résiste au vent de mer. Son fruit est un cône arrondi, brun verdâtre ou brun-gris, qui mûrit en 2 ans.

FLEURS : MARS

CÔNES : MÛRS EN 2 ANS

HAUTEUR : 20 M

DURÉE DE VIE : 250 À 600 ANS

TES ÉCAILLES DE CYPRÈS

DATE DE TA RÉCOLTE :

LIEU DE TA RÉCOLTE :

LE TAMARIS

Tamarix gallica
Famille des Tamaricacées

IL FAIT PARTIE DU PAYSAGE DES BORDS DE MER AVEC SON FEUILLAGE VAPOREUX ET SES GRAPPES LÉGÈRES DE FLEURS ROSES.

Les feuilles sont de minuscules écailles d'environ 2 mm, vert clair, qui enserrent des rameaux longs, minces et flexibles. Son tronc tortueux se creuse souvent en vieillissant et l'on voit parfois le jour à travers.

L'ARBRE

Originaire de l'ouest de l'Europe, le tamaris est fréquent le long des côtes et dans le Midi. Il résiste bien à la sécheresse et aux vents marins chargés de sel.

FLEURS : AVRIL À SEPTEMBRE

FRUITS : MAI À OCTOBRE

HAUTEUR : 2 À 8 M

DURÉE DE VIE : 50 À 100 ANS

TES ÉCAILLES DE TAMARIS

DATE DE TA RÉCOLTE :

LIEU DE TA RÉCOLTE :

L'ÉRABLE ROUGE

FEUILLES CADUQUES

Acer rubrum
Famille des Acéracées

C'EST LE PREMIER ARBRE D'AMÉRIQUE DU NORD INTRODUIT EN EUROPE AU DIX-SEPTIÈME SIÈCLE. TU LE TROUVERAS SURTOUT DANS LES PARCS ET AU BORD DE L'EAU.

Ses feuilles vert foncé sur le dessus, blanc argenté dessous, sont divisées en 3 grands lobes, avec parfois 2 lobes plus petits à la base. Elles sont bordées de dents irrégulières, plutôt arrondies. Elles s'accrochent 2 par 2 sur les rameaux et prennent en automne une belle couleur rouge éclatant.

L'ARBRE

Il porte bien le nom de « rouge » avec ses fleurs rouge vif, ses fruits à 2 ailes, qui deviennent rouges en mûrissant, et son feuillage écarlate en automne. Même les jeunes rameaux sont brun-rouge le premier hiver, ils deviennent gris ensuite.

FLEURS : MARS-AVRIL

FRUITS : JUIN-JUILLET

HAUTEUR : 25 M

DURÉE DE VIE : 100 À 150 ANS

TA FEUILLE D'ÉRABLE ROUGE

DATE DE TA RÉCOLTE :

LIEU DE TA RÉCOLTE :

LE MARRONNIER

FEUILLES CADUQUES

Aesculus hippocastanum
Famille des Hippocastanacées

LE MARRONNIER D'INDE, AUJOURD'HUI RÉPANDU DANS LES FORÊTS ET LES PARCS, NE VIENT PAS DES INDES, COMME ON LE CROYAIT JADIS, MAIS DU NORD DE LA GRÈCE.

Ses larges feuilles, accrochées 2 par 2 sur les rameaux, sont très caractéristiques avec leurs 5 ou 7 folioles qui partent en éventail, un peu comme les doigts de la main. Choisis une jeune feuille si tu veux qu'elle tienne sur la page de ton herbier !

L'ARBRE

Le premier marronnier a été planté en France en 1615. De nos jours, tu en verras dans toutes les villes ! Majestueux, il se couvre au printemps de fleurs blanches ou roses dressées en chandelier. Elles donnent 1 ou 2 marrons à l'écorce brune et luisante, enfermés dans une bogue hérissée de piquants. Ils ne sont pas comestibles.

FLEURS : AVRIL-MAI

FRUITS : SEPTEMBRE-OCTOBRE

HAUTEUR : 20 À 30 M

DURÉE DE VIE : 200 ANS ET PLU

TA FEUILLE DE MARRONNIER

DATE DE TA RÉCOLTE :

LIEU DE TA RÉCOLTE :

LE POMMIER

Malus domestica
Famille des Rosacées

« POMME » VIENT DU LATIN *POMUM* QUI SIGNIFIAIT « FRUIT ». C'EST SANS DOUTE LE FRUIT LE PLUS ANCIEN ET LE PLUS CONNU ! LES POMMIERS SONT RÉPANDUS DANS LES PRÉS ET LES JARDINS.

Les feuilles sont petites, ovales, pointues à leur extrémité, avec un bord finement denté. Selon la variété de pommier, elles sont plus ou moins claires, parfois vert foncé, et un peu velues sur le dessous.

L'ARBRE

Apparus il y a des millions d'années en Asie, les pommiers se sont répandus dans le monde entier. Il existe aujourd'hui environ 35 espèces de pommiers et plus d'un millier de variétés… De quoi satisfaire tous les goûts ! Ils sont superbes au printemps lorsqu'ils se couvrent de fleurs délicates, blanches ou rosées.

FLEURS : AVRIL-MAI

FRUITS : JUILLET À NOVEMBRE SELON LA VARIÉTÉ

HAUTEUR : 8 À 10 M

DURÉE DE VIE : 100 À 200 AN

TA FEUILLE DE POMMIER

DATE DE TA RÉCOLTE :

LIEU DE TA RÉCOLTE :

LE ROMARIN

Rosmarinus officinalis
Famille des Labiées

ROS MARINUS SIGNIFIE « ROSÉE DES MERS » EN LATIN. LES ROMAINS LE PLANTAIENT À L'ENTRÉE DE LEUR MAISON, POUR SON PARFUM. ON LE TROUVE AUJOURD'HUI DANS LA GARRIGUE ET LES JARDINS.

Vertes et brillantes sur le dessus, grises avec un aspect cotonneux par-dessous, les petites feuilles étroites ont des bords enroulés. Elles sont riches en huile aromatique dont le parfum rappelle celui de l'encens.

L'ARBRE

D'origine méditerranéenne, ce petit arbrisseau craint le gel ; on le plante le long des murs exposés au sud. Il est utilisé en cuisine pour épicer les plats.

FLEURS : MAI À JUILLET

FRUITS : SEPTEMBRE-OCTOBRE

HAUTEUR : 50 CM À 1 M

DURÉE DE VIE : PLUSIEURS ANNÉ

TON RAMEAU DE ROMARIN

DATE DE TA RÉCOLTE :

LIEU DE TA RÉCOLTE :

LE FIGUIER

Ficus carica
Famille des Moracées

FEUILLES CADUQUES

LE FIGUIER EST CULTIVÉ DEPUIS L'ANTIQUITÉ TOUT AUTOUR DE LA MÉDITERRANÉE, DANS LES MÊMES RÉGIONS QUE L'OLIVIER.

Ses feuilles sont vert foncé, rugueuses, de grande taille, profondément découpées en 3 à 5 lobes. Elles contiennent une sève laiteuse et dégagent un parfum agréable. Les plus larges mesurent 30 cm : choisis une jeune feuille pour ton herbier !

L'ARBRE

Avec son tronc court et fourchu et sa cime largement étalée qui peut couvrir une surface de 100 m², il est parfois impressionnant, et pourtant c'est un arbre de petite taille, qui dépasse rarement 10 m de hauteur.

FLEURS : AVRIL À JUIN

FRUITS : AOÛT À OCTOBRE DE L'ANNÉE SUIVANTE

HAUTEUR : 6 À 8 M

DURÉE DE VIE : PLUSIEURS SIÈCLE

TA FEUILLE DE FIGUIER

DATE DE TA RÉCOLTE :

LIEU DE TA RÉCOLTE :

LE NOISETIER

Corylus avellana
Famille des Bétulacées

LE NOISETIER OU COUDRIER, TRÈS RÉPANDU EN EUROPE DANS LES TAILLIS, LES HAIES ET À LA LISIÈRE DES FORÊTS, ÉTAIT DÉJÀ CULTIVÉ PAR LES GRECS ET LES ROMAINS POUR SES NOISETTES SAVOUREUSES.

Ses feuilles presque rondes et velues, au bord denté 2 fois, ressemblent à celles de l'aulne, mais elles sont généralement en pointe à leur extrémité alors que celles de l'aulne sont plates ou échancrées.

FEUILLES CADUQU

L'ARBRE

Il n'est pas plus haut qu'un grand arbuste, mais il peut atteindre 5 m de largeur : toutes ses branches partent du niveau du sol, formant d'épais taillis. Bien droites, souples et flexibles lorsqu'elles sont jeunes, elles sont utilisées en vannerie.

FLEURS : FÉVRIER À AVRIL

FRUITS : SEPTEMBRE

HAUTEUR : 6 À 8 M

DURÉE DE VIE : 30 À 50 ANS

TA FEUILLE DE NOISETIER

DATE DE TA RÉCOLTE :

LIEU DE TA RÉCOLTE :

LE PEUPLIER D'ITALIE

Populus nigra
Famille des Salicacées

AUJOURD'HUI ABONDANT DANS LES PLAINES HUMIDES, CET ARBRE ÉLANCÉ EST ORIGINAIRE D'IRAN. IL PORTE CE NOM CAR IL EST ARRIVÉ EN FRANCE AU DIX-HUITIÈME SIÈCLE, EN PASSANT PAR L'ITALIE.

Ses petites feuilles en triangle ou en losange ont une forme d'as de pique. Leur bord est mince, transparent, garni de petites dents arrondies. Elles sont portées par des rameaux qui montent presque verticalement.

L'ARBRE

Tu verras parfois au bord des cours d'eau de grandes plantations de peupliers bien alignés, très reconnaissables à leur forme en colonne ou en fuseau. Il est cultivé pour son bois léger, qui sert notamment à faire des caisses.

FLEURS : MARS-AVRIL

FRUITS : MAI-JUIN

HAUTEUR : 20 À 30 M

DURÉE DE VIE : 200 À 300 ANS

TA FEUILLE DE PEUPLIER D'ITALIE

DATE DE TA RÉCOLTE :

LIEU DE TA RÉCOLTE :

LE LIERRE

Hedera helix
Famille des Araliacées

AVEC SON FEUILLAGE TOUJOURS VERT ET SES FRUITS QUI MÛRISSENT EN HIVER, LE LIERRE, QUI GRIMPE SUR LES VIEUX MURS ET SUR LES TRONCS, OFFRE AUX OISEAUX ABRI ET NOURRITURE.

Ses feuilles, épaisses et coriaces, ont 2 formes : sur les rameaux jeunes, elles sont divisées en 3 ou 5 lobes ; sur les rameaux plus anciens, qui vont fleurir et donner des fruits, elles sont ovales et entières.

FEUILLES PERSISTANTES

L'ARBRE

Le lierre rampe sur le sol et grimpe le long des arbres à l'aide de petites racines en forme de crampons qui se forment tout le long de la tige. Ce n'est pas un parasite, il n'est pas nuisible comme le gui, mais il est parfois si envahissant qu'il étouffe les cimes.

FLEURS : SEPTEMBRE-OCTOBRE

FRUITS : FÉVRIER-MARS

HAUTEUR : 20 M

DURÉE DE VIE : JUSQU'À 400 AN

TA FEUILLE DE LIERRE

DATE DE TA RÉCOLTE :

LIEU DE TA RÉCOLTE :

LE POLYPODE

Plante vivace

Polypodium vulgare
Famille des Polypodiacées

ON L'APPELLE AUSSI « RÉGLISSE DES BOIS », CAR SA TIGE RAMPANTE, OU RHIZOME, A UN GOÛT SUCRÉ DE RÉGLISSE. CHERCHE-LE SUR LES ROCHERS, LES VIEILLES SOUCHES ET LES MURS.

La feuille du polypode est simplement divisée en lobes étroits et réguliers, au bord lisse. Si tu la retournes, tu verras par-dessous, à droite et à gauche de chaque nervure, une série de taches brunes arrondies : ce sont des petits amas de sporanges qui assurent la reproduction.

LA PLANTE

C'est une fougère résistante dont les feuilles restent vertes tout l'hiver. Comme chez toutes les fougères, elle est enroulée en crosse lorsqu'elle est jeune. Elle s'enroule également lorsqu'il fait très chaud ou très froid, pour limiter la transpiration ou se protéger du gel.

Spores : toute l'année

Hauteur : 10 à 50 cm

Durée de vie : plusieurs siècles

TA FEUILLE DE POLYPODE

DATE DE TA RÉCOLTE :

LIEU DE TA RÉCOLTE :

LA FOUGÈRE MÂLE

PLANTE VIVACE

Polystichum filix-mas
Famille des Aspidiacées

CETTE FOUGÈRE AU FEUILLAGE ÉLÉGANT PORTE LE NOM DE « FOUGÈRE MÂLE » À CAUSE DE SON ASPECT ROBUSTE, NOM QUI N'A RIEN À VOIR AVEC LE SEXE OU LA REPRODUCTION.

TOXIQUE

2 Sa feuille, amincie aux 2 bouts, présente des lobes, eux-mêmes divisés en lobes plus petits et dentés, formant comme des plumes. Sur leur face inférieure, les fructifications, ou sporanges, sont regroupées en petites taches peu nombreuses.

LA PLANTE

Les fougères mâles sont très abondantes dans les forêts de hêtres, mais tu pourras en trouver dans toutes les forêts, surtout en montagne, jusqu'à 2 400 m d'altitude.

SPORES : JUILLET À SEPTEMBRE

HAUTEUR : 40 À 60 CM

DURÉE DE VIE : PLUSIEURS ANNÉES

TA FEUILLE DE FOUGÈRE MÂLE

DATE DE TA RÉCOLTE :

LIEU DE TA RÉCOLTE :

Pages personnelles